BEI GRIN MACHT SICH IHR WISSEN BEZAHLT

- Wir veröffentlichen Ihre Hausarbeit,
  Bachelor- und Masterarbeit

- Ihr eigenes eBook und Buch -
  weltweit in allen wichtigen Shops

- Verdienen Sie an jedem Verkauf

Jetzt bei www.GRIN.com hochladen und kostenlos publizieren

Die Process Mining Software der Celonis SE. Evaluation und kritische Würdigung für das Controlling

Bibliografische Information der Deutschen Nationalbibliothek:

Die Deutsche Nationalbibliothek verzeichnet diese Publikation in der Deutschen Nationalbibliografie; detaillierte bibliografische Daten sind im Internet über http://dnb.d-nb.de abrufbar.

ISBN: 9783346736352
Dieses Buch ist auch als E-Book erhältlich.

© GRIN Publishing GmbH
Nymphenburger Straße 86
80636 München

Druck und Bindung: Books on Demand GmbH, Norderstedt Germany
Gedruckt auf säurefreiem Papier aus verantwortungsvollen Quellen

Das vorliegende Werk wurde sorgfältig erarbeitet. Dennoch übernehmen Autoren und Verlag für die Richtigkeit von Angaben, Hinweisen, Links und Ratschlägen sowie eventuelle Druckfehler keine Haftung.

Das Buch bei GRIN: https://www.grin.com/document/1265758

Evaluation der Process Mining Software der Celonis SE

SEMINARARBEIT

Inhaltsverzeichnis

                                                                    Seite

Inhaltsverzeichnis II

Abbildungsverzeichnis.. III

Abkürzungsverzeichnis... IV

1 Einleitung... 1

2 Grundlagen des Process Mining 2

   2.1 Begriffsdefinition und methodische Konzeption 2

   2.2 Einordnung und Nutzen innerhalb des Business Process Management................... 4

3 Process Mining als Controllinginstrument... 6

   3.1 Einsatzpotenzial und Anwendungsfelder... 6

   3.2 Ableitung von Bewertungskriterien für Process Mining Tools 8

4 Evaluierung der Process Mining Software der Celonis SE 9

   4.1 Vergleich und Bewertung 9

   4.2 Beitrag für das Controlling und kritische Würdigung......................... 12

5 Fazit.. 14

Literaturverzeichnis VI

Abbildungsverzeichnis

Seite

Abbildung 1: Process Mining Modell...3
Abbildung 2: Einordnung von Process Mining im BPM-Lebenszyklus 4
Abbildung 3: Process Mining im Kontext von Process Science und Data Science...................5

Anmerkung der Redaktion: Einige Abbildungen wurden aus urheberrechtlichen Gründen entfernt.

Abkürzungsverzeichnis

BPM	Business Process Management
BPMN	Business Process Model and Notation
bzw.	beziehungsweise
CSV	Comma-separated values
EMS	Execution Management System
EPK	Ereignisgesteuerte Prozesskette
et al.	et alii, et aliae oder et alia (und andere)
ETL	Extract, Transform, Load
IT	Informationstechnologie
KI	Künstliche Intelligenz
S.	Seite
SE	Societas Europaea (Europäische Gesellschaft)
vgl.	vergleiche
XES	eXtensible Event Stream
XLSX	Excel Spreadsheet

1 Einleitung

„Processes are the route to results and so to success in the customer economy." [Hammer 2001, S. 51] Für Unternehmen hat die Bedeutung von Prozessen stark zugenommen. Dies hat zur Folge, dass sich jedes Unternehmen, unabhängig davon, ob Start-Up mit 10 Mitarbeitern[1], mittelständisches Familienunternehmen mit 1.000 Mitarbeitern oder Großkonzern mit 100.000 Mitarbeitern mit der Verbesserung, Digitalisierung und Automatisierung von Prozessen beschäftigen sollte. Das damit verbundene Ergebnispotenzial ist immens. Allerdings haben Unternehmen in der Praxis meist nur einen geringen Einblick in den tatsächlichen Ablauf ihrer Geschäftsprozesse. [Mayer/Brenner 2009, S. 153]

Process Mining hat das Ziel, real existierende Prozesse zu entdecken, zu monitoren und zu verbessern [Van der Aalst 2016, S. 31]. Die daraus resultierenden Vorteile, wie zum Beispiel verringerte Kosten durch verkürzte Durchlaufzeiten oder ein verbessertes Kundenerlebnis wirken sich positiv auf das Unternehmensergebnis aus. Der dauerhafte Prozessfokus stellt auch für das Controlling, als Gestalter und Betreiber des Planungs- und Reportingsystems, eine zunehmende Relevanz dar und erweitert dessen Möglichkeiten [Zschech et al. 2017, S. 25].

Durch das kontinuierliche Ansammeln von Geschäftsereignissen in Form von Ereignisdaten können mittels spezieller Softwarelösungen Daten aus den verschiedenen Informationssystemen im Unternehmen extrahiert und anschließend anhand einer visualisierten Benutzeroberfläche ausgewertet werden. Eine Vielzahl an Softwareanbietern sind am schnell wachsenden Markt für Process Mining Software präsent. Der angebotene Funktionsumfang variiert indes stark. Der Arbeit liegt folgende Forschungsfrage zugrunde: Welchen Beitrag leistet die Process Mining Software der Celonis SE für das Controlling?

Kapitel 2 befasst sich mit den Grundlagen des Process Mining. In Kapitel 3 wird über Einsatzpotenzial und Anwendungsfelder von Process Mining im Controlling diskutiert. Zudem werden Bewertungskriterien für Process Mining Software abgeleitet. Im darauffolgenden Kapitel wird die Process Mining Software der Celonis SE evaluiert und dessen Beitrag für das Controlling kritisch gewürdigt. Die Arbeit schließt mit einem Fazit ab.

---

[1] Das generische Maskulinum bezieht sich in dieser Arbeit zugleich auf alle Geschlechteridentitäten.

2 Grundlagen des Process Mining

In diesem Kapitel werden die theoretischen Grundlagen des Process Mining erläutert. Dabei wird das Kapitel in zwei Abschnitte gegliedert, wobei sich der erste der Begriffsdefinition sowie methodischen Konzeption von Process Mining und der zweite der Einordung sowie dem Nutzen innerhalb des Business Process Management (BPM) widmet.

2.1 Begriffsdefinition und methodische Konzeption

Process Mining ist eine Technik des Prozessmanagements, die es ermöglicht, Geschäftsprozesse auf Basis transaktionaler Daten aus den Informationssystemen im Unternehmen zu rekonstruieren. Die Idee von Process Mining ist es, reale – im Gegensatz zu vermuteten, angenommenen oder modellierten – Prozesse zu erkennen, zu monitoren und zu verbessern [IEEE Task Force on Process Mining 2012, S. 1].

In der Literatur existiert für den Begriff Geschäftsprozess keine einheitliche Definition (vgl. [Österle 1995, S. 62]; [Dumas et al. 2018, S. 3-4]). Generell kann unter einem Geschäftsprozess eine zielgerichtete, sachlogische Abfolge von Aktivitäten in einem Unternehmen verstanden werden, die von einem definierten Prozessbeginn bis zu einem definierten Prozessende wiederholt wird. Der Zweck eines Geschäftsprozesses besteht darin, einen generellen Ablauf festzulegen und aufrechtzuerhalten, damit eine Aufgabe so effizient und konsistent wie möglich erledigt werden kann. [Rosenkranz 2006, S. 3-7] Prozessmodellierung ermöglicht eine integrierte und vollständige Sicht auf Aktivitäten, Ereignisse, Beziehungen und Reihenfolgen, mit dem Ziel, die Qualität der Leistungserbringung im Ende-zu-Ende Prozess nachhaltig zu verbessern. Gängige Modellierungssprachen sind: Ereignisgesteuerte Prozesskette (EPK), Business Process Model and Notation (BPMN), Petri-Netz und UML-Aktivitätsdiagramm [Dumas et al. 2018, S. 18].

Abbildung 1 skizziert die methodische Konzeption von Process Mining. Ausgangspunkt jeder Prozessanalyse im Process Mining ist ein Ereignisprotokoll. Es wird angenommen, dass die Daten die zeitliche Reihenfolge der Ereignisse wiedergeben und dabei jeder Prozessschritt einem spezifischen Fall zugeordnet ist sowie zusammen mit einem Zeitstempel protokolliert wird. Weitere Informationen können sein: Ressourcen, die die Aktivität ausführen oder zu dem Ereignis verknüpfte Datenelemente. Event-Logs können aus den Historien eines Workflow-Management-Systems oder den Transaktionsprotokollen eines Enterprise-Resource-Planning-

, Supply-Chain-Management- oder Customer-Relation- ship-Management-Systems extrahiert werden. [Van der Aalst 2016, S. 32]

Abbildung 1: Process Mining Modell

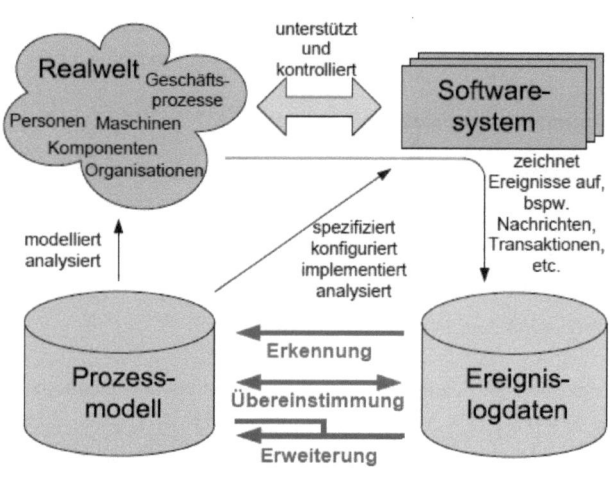

(Quelle: [IEEE Task Force on Process Mining 2012, S. 3])

Unterschieden werden drei Anwendungsszenarien. Der erste und bekannteste Typ ist die Erkennung von Prozessen (process discovery). Die Generierung von Modellen erfolgt auf Basis eines Event-Logs. Weitere a-priori Informationen werden nicht benötigt. Der erzeugte Output ist typischerweise ein Prozessmodell oder (interaktiver) Prozess-Graph, kann aber auch andere Perspektiven beschreiben. [Van der Aalst 2016, S. 33]

Im Rahmen der Konformitätsprüfung (conformance check) erfolgt die Gegenüberstellung eines vordefinierten Prozessmodells mit den faktischen Prozessabläufen. Diese Delta-Analyse kann sich beispielsweise auf Ablaufmodelle, Organigramme, Geschäftsregeln oder Richtlinien beziehen. Der Conformance Check eignet sich bei der Analyse von Prozessschritten mit besonderen regulatorischen Anforderungen oder zur Auditierung ganzer Ende-zu-Ende Prozesse. [Van der Aalst 2016, S. 33]

Der dritte Typ des Process Mining ist die Erweiterung (process enhancement). Die Erweiterung zielt darauf ab, das bestehende Modell mit zusätzlichen Informationen anzureichern, um es dadurch zu verbessern. Dies bietet die Möglichkeit, Ursachen für Pro-zessineffizienzen, wie zum Beispiel hohe Fehlerquoten, lange Durchlaufzeiten oder geringe Automatisierungsraten zu ermitteln und angemessene Gegenmaßnahmen abzuleiten. [Van der Aalst 2016, S. 33]

Process Mining umfasst verschiedene Perspektiven. Die Kontrollflussperspektive analysiert den Ablauf der Aktivitäten. Das Ziel ist die treffende Beschreibung sämtlicher Ausführungspfade. Das Ergebnis wird in der Regel als Petri-Netz oder als BPMN Prozess-modell dargestellt. Die Organisationsperspektive beschreibt, wie Personen, Rollen oder Organisationseinheiten durch die Teilnahme an einem Geschäftsprozess miteinander in Beziehung stehen. Ergebnis ist ein soziales Netzwerk, welches das Geflecht von Verbindungen zu anderen Prozessbeteiligten visualisiert. Die Fallperspektive fokussiert sich auf die Analyse einzelner Prozessinstanzen. Diese werden anhand ihrer Eigenschaften als Fälle beschrieben und kategorisiert. Die Zeitperspektive hingegen konzentriert sich auf den Zeitpunkt und die Häufigkeit von Ereignissen. Das Ziel ist die Entdeckung von Engpässen bzw. die Messung von Durchlaufzeiten, Service-Level oder Kapazitätsauslastungen. [Van der Aalst 2016, S. 34]

2.2 Einordnung und Nutzen innerhalb des Business Process Management

Business Process Management umfasst die Identifikation, Gestaltung, Dokumentation, Implementierung, Steuerung und Optimierung von Geschäftsprozessen [Dumas et al. 2018, S. 1]. Der Ansatz von BPM basiert auf einer Ende-zu-Ende Prozessbetrachtung und legt einen starken Fokus auf den Kunden [Hammer 2015, S. 6]. Die Ziele des BPM liegen zum einen in der Sicherstellung konsistenter Prozessergebnisse und zum anderen in der Verbesserung von Geschäftsprozessen. Das BPM orientiert sich methodisch an den einzelnen Phasen des BPM-Lebenszyklus, wobei verschiedene Modellausprägungen existieren. [Dumas et al. 2018, S. 16]

Abbildung 2: Einordnung von Process Mining im BPM-Lebenszyklus

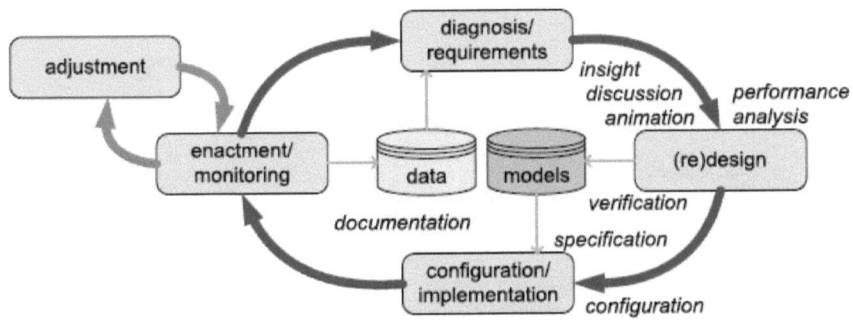

(Quelle: [Van der Aalst 2016, S. 31])

Abbildung 2 zeigt den BPM-Lebenszyklus nach [Van der Aalst 2016, S. 31]. In der Design-Phase wird ein Prozessmodell erstellt, welches in der Implementation-Phase in das laufende

4

System eingebettet wird. In der Monitoring-Phase wird die Prozessausführung überwacht. Veränderungen erfolgen je nach Komplexität und Umfang in der Adjustment- oder Diagnose-Phase. Anschließend startet mit der Design-Phase eine neue Iteration.

Das BPM verfolgte in der Vergangenheit einen modellgetriebenen Ansatz, ohne die Evidenz, die in den zugrundeliegenden Daten steckt, zu betrachten. Process Mining bietet nun die Möglichkeit, den BPM-Lebenszyklus wirklich zu „schließen". [Van der Aalst 2016, S. 31] Durch Informationssysteme erfasste Daten können genutzt werden, um einen besseren Einblick in die tatsächlichen Prozesse zu erhalten. Das bedeutet, Abweichungen können analysiert und die Qualität von Modellen verbessert werden. Daher kann Process Mining grundsätzlich in allen Phasen, mit Ausnahme der Implementierungsphase, eingesetzt werden. [IEEE Task Force on Process Mining 2012, S. 5]

Process Mining verbindet prozessorientierte Geschäftsprozessmodellierung und -analyse mit nicht-prozessorientiertem Data-Mining und stellt somit eine wichtige Brücke zwischen Process Science und Data Science dar [Van der Aalst 2016, S. 15-18]. Abbildung 3 skizziert diesen Anspruch und zeigt mögliche Fragestellungen auf.

Abbildung 3: Process Mining im Kontext von Process Science und Data Science

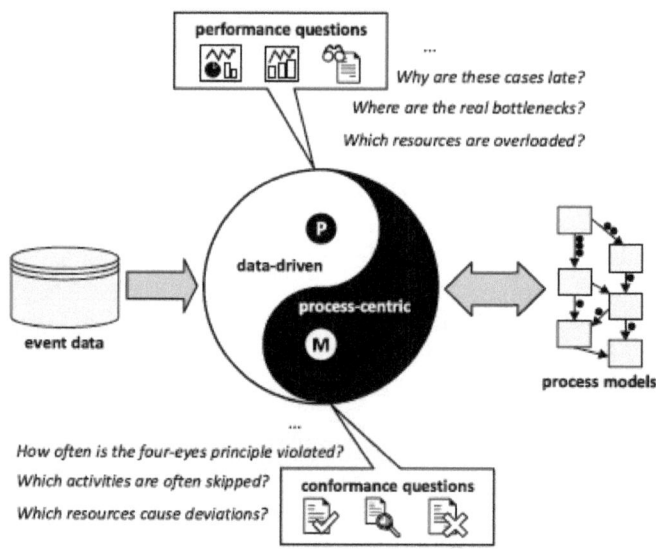

(Quelle: [Van der Aalst 2016, S. 26])

5

Process Mining beschäftigt sich mit einer hoch aggregierten a-posteriori Analyse von Geschäftsprozessen auf Basis von Ereignisdaten aus den Informationssystemen im Unternehmen. Im Gegensatz zu anderen Analysetechniken im Spektrum des BPM kann Process Mining exakte und sachliche Informationen über einen Prozess liefern, anstatt sich auf ein idealisiertes a-priori Modell der Realität verlassen zu müssen. [Günther 2009, S. 10] Der hohe Grad an Automatisierung unterscheidet Process Mining im Hinblick auf Geschwindigkeit und Genauigkeit sowie der damit verbundenen Visualisierungsmöglichkeiten von klassischen Techniken zur Erstellung von Prozessmodellen. Dies macht es zu einem wertvollen Werkzeug für die Ist-Analyse von Prozessen und daraus resultiert ein hoher Nutzen innerhalb des Business Process Management. [Van der Aalst 2016, S. 44]

3 Process Mining als Controllinginstrument

In diesem Kapitel wird das Einsatzpotenzial von Process Mining im Controlling diskutiert. Der erste Abschnitt beschäftigt sich mit Anwendungsfeldern, während im zweiten Bewertungskriterien für die Evaluierung von Process Mining Tools abgeleitet werden.

3.1 Einsatzpotenzial und Anwendungsfelder

In der betriebswirtschaftlichen Literatur existiert für den Begriff Controlling keine einheitliche Definition. In der deutschsprachigen Forschung haben sich informations-, koordinations- sowie rationalitätsorientierte Ansätze etabliert (vgl. [Horváth 2003, S. 151]; [Weber/Schäffer 2020, S. 48]). Einigkeit besteht im Hinblick auf die Charakterisierung des Controllings als Führungsunterstützung durch zielbezogene Informationsversorgung und faktenbasierte Entscheidungsvorbereitung [Hubert 2015, S. 7-14].

Die Wahrnehmung der Controllingaufgaben – unterschiedliche finanzielle und nichtfinanzielle Informationen in aussagekräftige Planungen, Berichte und Analysen zu übersetzen – erfolgt durch den adäquaten Einsatz von Controllinginstrumenten. Unter Controllinginstrumenten werden methodische, sachliche oder technische Werkzeuge zur Bewertung von Optionen und zur Entscheidungsvorbereitung verstanden [Coenenberg et al. 2016, S. 43]. In der Vergangenheit haben sich eine Vielzahl an Business Intelligence Tools etabliert, die den Controller bei der Ausübung seiner Tätigkeiten unterstützen. Diese Softwarelösungen eignen sich zwar zur multidimensionalen Datenanalyse, erlauben jedoch keine dynamischen bzw. kausalen Einblicke in das Prozessgeschehen im Unternehmen [Van der Aalst et al. 2007, S. 714]; [Zschech et al. 2017, S. 25].

Im Zuge der voranschreitenden Digitalisierung gilt es, die zur Verfügung stehenden und stetig anwachsenden Datenbestände als strategischen Wettbewerbsfaktor zu nutzen [Buschbacher 2016, S. 41]. Einen wesentlichen Treiber stellen dabei prozessunterstützende Informationssysteme dar, die täglich riesige Mengen an Ereignisdaten erzeugen. Die Anwendungsfelder von Process Mining im Controlling sind vielfältig: (i) Process Mining kann für Monitoring und Reporting genutzt werden, (ii) die Grundlage für Optimierungen darstellen und (iii) zur Unterstützung von Planung und Kostenrechnung dienen. [Brenner et al. 2020, S. 94]

Die Unternehmensabläufe und damit auch die Prozesslandschaften werden aufgrund der vielfältigen Herausforderungen und variablen Rahmenbedingungen immer komplexer und dynamischer. Um Transparenz entlang der Wertschöpfungskette zu schaffen und diese in ihrer Gesamtheit steuern zu können, ist ein Prozesscontrolling mittels Process Mining notwendig [Gentsch/Kulpa 2016, S. 33]. Dieses kann sich sowohl strategischen als auch operativen Fragestellungen widmen. Instrumente des strategischen Controllings, wie die Balanced Scorecard haben eine strategische Prozessperspektive und erfordern bei umfassender Anwendung die Definition und Messung prozessspezifischer Kennzahlen, um die strategischen Ziele der Unternehmung steuern zu können. Im operativen Controlling ist die Transparenz über die operative Prozessperformance insbesondere in den leistungserstellenden bzw. wertschöpfenden Funktionsbereichen von erfolgskritischer Bedeutung. [Brenner et al. 2020, S. 97-98]

Ein weiteres großes Anwendungsfeld von Process Mining im Controlling liegt in der systembasierten Identifikation von Optimierungs- bzw. Verbesserungspotenzialen. Schwachstellen werden durch die Gegenüberstellung von tatsächlichen und modellierten Prozessen identifiziert. In Folge können Verschwendung, Engpässe oder Durchlaufzeiten reduziert und Schleifen vermieden werden. Ressourcenaufwendige Projekte zur Ermittlung von Ist-Zuständen entfallen. [Gottmann 2019, S. 145] Im Rahmen des Process Benchmarking lassen sich einerseits Best Practice Ansätze und andere wichtige Impulse für Prozessoptimierungen identifizieren und andererseits Performanceziele für Unternehmensbereiche, Werke oder Niederlassungen ableiten [Brenner et al. 2020, S. 97-98].

Schließlich kann Process Mining als innovatives Controllinginstrument zur Unterstützung von Planung und Kostenrechnung genutzt werden. Durch die Anwendung einer Prozess(kosten)betrachtung werden neben den Kosten von Prozessschritten auch weitere, für das Management relevante Informationen bereitgestellt. Dies sind unter anderem Bearbeitungszeiten, die Anzahl der Prozessdurchführungen und daraus abgeleitet die genutzten Kapazitäten. Darauf aufbauend können prozessorientierte Planungen generiert werden. Process Mining bietet zudem die Möglichkeit, die verursachungsgerechte Gemeinkosten-Allokation in der Prozesskostenrechnung zu optimieren, da die zugrundeliegenden Daten zur Bestimmung der Prozesskosten auf tatsächlichen Prozessausführungen basieren und keine idealisierten Angaben darstellen [Kress/Tönnissen 2021, S. 54-60]. Gerade dies ist beim festzustellenden Trend der Verringerung der Fertigungstiefen und Zunahme der indirekten Leistungsbereiche für das Controlling essenziell, da die hierdurch ansteigenden Gemeinkosten mit traditionellen Methoden der Kostenrechnung nicht mehr verursachungsgerecht verteilt werden können [Teuteberg/Tönnissen 2020, S. 20].

3.2 Ableitung von Bewertungskriterien für Process Mining Tools

Auf Grundlage der Anwendungsfelder im Controlling sollen in diesem Abschnitt nun Anforderungen an Process Mining Tools abgeleitet werden. Anhand dieser Anforderungen sowie weiterer, nicht-controllingspezifischer Bewertungskriterien wird in Kapitel 4 die kommerzielle Process Mining Software der Celonis SE evaluiert.

Die in Abschnitt 3.1 dargelegten Anwendungsfelder führen dazu, dass die Software die drei Typen des Process Mining (i) Entdeckung, (ii) Konformitätsprüfung und (iii) Erweiterung unterstützen sollte, damit Process Mining als vollumfängliches und innovatives Controllinginstrument mit Fokus auf das Prozessmanagement eingesetzt werden kann [Van der Aalst 2016, S. 330]; [Viner et al. 2020, S. 21-22]. Diese Notwendigkeit zeigt auch eine Praktiker Studie des Lehrstuhls für Digital Industrial Service Systems an der Friedrich-Alexander-Universität Erlangen-Nürnberg (vgl. [Stierle et al. 2021, S. 2-3]).

Hinsichtlich des Datenmanagements sollte die Integration in das bestehende IT-Ökosystem im Unternehmen durch entsprechende Schnittstellen möglich sein. Dies betrifft alle gängigen Datenbank- und Informationssysteme. Damit Daten aus mehreren, gegebenenfalls unterschiedlich strukturierten Datenquellen in einer Zieldatenbank vereinigt werden können, wird eine integrierte ETL (Extract, Transform, Load) Funktion erwartet. Des Weiteren sollte die Software alle gängigen Dateiformate für den Import der Event-Logs unterstützen, insbesondere Textdateien (CSV), Exceldateien (XLSX) und den Process Mining Standard eXtensible Event Stream (XES). [Van der Aalst 2016, S. 125-127] Eine weitere Anforderung ist die Unterstützung gängiger Prozessmodelle, wie Petri-Netz, EPK oder BPMN [Drakoulogkonas/Apostolou 2021, S. 6-15]. Der Funktionsumfang sollte zudem Filterung innerhalb des Prozess-Graphen, Prozessvisualisierung und -simulation sowie ein individualisierbares Performance Reporting beinhalten [Viner et al. 2020, S. 21].

8

Der Einsatz diverser Zukunftstechnologien wird dazu führen, dass sich Controller neue Kompetenzen aneignen müssen [Seufert/Oehler 2016, S. 74]. Dennoch sollte es sich bei einem Process Mining Tool um eine leicht verständliche und intuitive Softwarelösung handeln, die auch für Anwender zugänglich ist, die über keine vertieften Advanced-Analytics- oder Programmierkenntnisse verfügen [Zschech et al. 2017, S. 25]. Ein entsprechendes Customizing der Software sollte benutzerfreundlich sein. Für diverse Standard-Geschäftsprozesse wie Purchase to Pay (Einkaufsprozess) oder Order to Cash (Verkaufsprozess) sollten vorkonfigurierte Dashboards zur Verfügung stehen.

4 Evaluierung der Process Mining Software der Celonis SE

In diesem Kapitel wird die Process Mining Software der Celonis SE evaluiert und dessen Beitrag für das Controlling kritisch gewürdigt. Des Weiteren wird aufgezeigt, welche Erweiterungen aus Sicht des Controllings sinnvoll sein können.

4.1 Vergleich und Bewertung

Die Celonis SE mit Sitz in München wurde 2011 gegründet und ist laut mehreren Quellen führender Anbieter im Bereich Künstliche Intelligenz (KI)-gestütztes Process Mining und Process Excellence Software. Celonis ist ein global tätiges Unternehmen mit 16 Niederlassungen und betreut mehr als 1.000 Kunden – darunter Siemens, Deutsche Telekom, ABB und Wells Fargo. Darüber hinaus verfügt Celonis über mehr als 200 Beratungs- und Implementierungspartner. Im August 2021 konnte Celonis den Process Mining Vordenker Professor Wil van der Aalst als Chief Scientist gewinnen. Das Unternehmen erhofft sich gemäß Pressemitteilung eine enge Zusammenarbeit mit der Produkt- und Entwicklungsabteilung sowie der Celonis Academic Alliance, um in Zukunft Innovationen im Bereich Process Mining in kommerzieller sowie akademischer Hinsicht voranzutreiben.

Die Produktbezeichnung der Software lautet Execution Management System (EMS). Es handelt sich um eine containerisierte, Microservices-basierte Cloud-Plattform. Celonis verwendet eine eigene Datenbanksprache, die Process Query Language, um prozessspezifische Abfragen aus der In-Memory Datenbank Celonis SaolaDB zu generieren. Celonis bietet derzeit sechs eigene Execution Apps (Opportunity Management, Auftragsmanagement, Bestandsmanagement, Einkauf sowie Debitoren- und Kreditorenbuchhaltung) an. Partner können über den EMS Marktplatz weitere Execution Apps zur Verfügung stellen. Bei diesen Apps handelt es sich um vorkonfigurierte Dashboards. Neben der kommerziellen Vollversion wird auch eine akademische Lizenz angeboten.

Auf Basis, der in Abschnitt 3.2 hergeleiteten Kriterien werden nun die einzelnen Funktionen der Celonis Process Mining Software bewertet. Die Informationen wurden der Webseite des Unternehmens entnommen und bilden den Stand per Mai 2022 ab. Es erfolgt eine funktionsorientierte Evaluierung der Software. Der ISO 25010 Standard zur Bewertung von Softwarelösungen wird nicht angewendet.

Im Bereich Datenmanagement überzeugt Celonis durch die Bereitstellung diverser Standard-Schnittstellen, die mit allen gängigen Datenbank- und Informationssystemen kompatibel sind. Für Softwarelösungen von SAP, Salesforce und ServiceNow besteht die Möglichkeit, Echtzeitdaten in das Celonis EMS zu laden. Einzelne Dateien können manuell als CSV, XLSX oder XES importiert werden. Das Celonis EMS verfügt über eine integrierte ETL Funktion. Damit können Daten aus mehreren, gegebenenfalls unterschiedlich strukturierten Datenquellen in der Celonis Datenbank vereinigt werden. Prozessübergreifende Multi-Event-Logs zeigen auf, wie mehrere Prozesse miteinander interagieren. Die Anonymisierung und Pseudonymisierung von personenbezogenen Daten ermöglicht die Einhaltung von nationalen Datenschutzverordnungen.

Der Ist-Prozess wird als Directly-Follows-Graph visualisiert bzw. als BPMN Prozessmodell modelliert. BPMN ist der internationale Standard zur Geschäftsprozessmodellierung [Pufahl 2020, S.49]. Andere Modellierungssprachen werden nicht unterstützt. Ereignisse und Fälle können zusätzlich als CSV oder XLSX Datei exportiert werden. Das Suchen und Filtern nach Aktivitäten ist möglich. Auf diese Weise können Spaghetti-Diagramme erstellt werden, die es ermöglichen, Daten- bzw. Prozessflüsse im System zu visualisieren. Festgestellte Engpässe in Prozessen werden grafisch hervorgehoben. Zudem werden Bearbeitungs- und Leerlaufzeiten ausgewertet. Das EMS offeriert im Bereich Process Benchmarking einen visuellen und kennzahlenbasierten Vergleich. Im Rahmen einer integrierten Fehler-Ursachen-Analyse besteht die Möglichkeit, Maßnahmen zur Fehlerreduzierung abzuleiten.

Abbildung 4 zeigt die Celonis EMS Execution App Accounts Payable (Kreditorenbuchhaltung). Auf der linken Seite des Dashboards befindet sich der interaktive Prozess-Graph, der aufgrund der Filtereinstellung den Happy Path (idealer Prozess) anzeigt. Diejenige Prozessvariante mit der höchsten Effektivität und Effizienz. In der Mitte befindet sich eine Übersicht der identifizierten Prozessvarianten. Dabei sind sowohl häufige Prozesspfade als auch seltene Muster von Interesse, denn beide können wesentliche Anzeichen für auftretende Anomalien im Prozessverlauf liefern. Rechts oben werden drei Kennzahlen aus der Kreditorenbuchhaltung dargestellt. Das Kreisdiagramm visualisiert die erkannten Ursachen der Abweichungen gegenüber dem Prozessmodell.

Das EMS von Celonis bietet eine Konformitätsprüfung an. Es kann lediglich ein BPMN Prozessmodell importiert werden. Daneben werden auf Basis von Ist-Prozessen automatisch verschiedene Prozessmodelle generiert. Die Software erzeugt eine Liste von Verstößen gegen unternehmensindividuelle Compliance-Richtlinien und prüft die Einhaltung des sogenannten Vier-Augen-Prinzips. Der Celonis Conformance Checker erlaubt des Weiteren die Analyse von Verstößen direkt im Prozess-Graphen.

Abbildung 5 gibt einen Überblick über die Benutzeroberfläche der Konformitätsprüfung. Die konformen und nicht-konformen Ist-Prozesse werden gruppiert und nach absteigender Häufigkeit sortiert. Anschließend können die Abweichungen nach diversen Kriterien gefiltert und analysiert werden. Des Weiteren werden über diesen explorativen Ansatz die Auswirkungen der Verstöße gegen das Prozessmodell durch individuelle Performancekennzahlen quantifiziert.

Der Typ Erweiterung umfasst unter anderem die Organisationsperspektive. Abbildung 6 zeigt ein soziales Netzwerk. Dieses visualisiert und quantifiziert die Aktivitäten von Mitarbeitern sowie die Verbindungen zu anderen Prozessbeteiligten. Somit kann die Anzahl der bearbeiteten Aktivitäten sowie deren Durchlaufzeiten mitarbeiterindividuell analysiert werden. Weiterhin kann ermittelt werden, welche Prozessbeteiligten häufig ähnliche Aktivitäten ausführen, um darüber Rollen, Ressourcen und Organisationseinheiten aus Effizienzgründen neu strukturieren zu können [Zschech et al. 2017, S. 31].

Der Fokus des EMS liegt laut Celonis in der Prozessverbesserung. Prozesssimulationen in Form von Was-Wäre-Wenn- und Szenario-Analysen werden durch die Generierung von digitalen Zwillingen (digital twins) ermöglicht. Prozessempfehlungen lassen sich in der Python-basierten Machine Learning Workbench durch den Einsatz von KI erstellen. Dazu kommt ein integriertes und von Celonis gehostetes Jupyter Notebook zum Einsatz.

Der Aufbau individueller Dashboards sowie die Definition eigener Performancekennzahlen sind möglich. Die erzeugten Diagramme und Tabellen lassen sich exportieren und in anderen

Anwendungen weiterverarbeiten. Celonis und deren Partner bieten vorkonfigurierte Dashboards an. Dies erleichtert den Einstieg in das Process Mining.

Zusammenfassend lässt sich konstatieren, dass die Process Mining Software der Celonis SE ein sehr mächtiges und umfangreiches Werkzeug ist. Die Kompatibilität zu den weit verbreiteten Informationssystemen wurde frühzeitig durch strategische Partnerschaften sichergestellt. Dies garantiert eine flächendeckende Einsetzbarkeit. Neben vorkonfigurierten Analysen, Apps und Dashboards besteht die Möglichkeit zum Customizing. Die Benutzeroberfläche ist interaktiv und individuell gestaltbar.

Das EMS erfüllt grundsätzlich die Anforderungen des Controllings an eine Process Mining Software, da die drei Typen (i) Erkennung, (ii) Konformitätsprüfung und (iii) Erweiterung unterstützt und damit die in Abschnitt 3.1 beschriebenen Anwendungsfelder umgesetzt werden können. Dennoch sind weitere Features, vor allem für Planung und Kostenrechnung von Interesse.

Im Vergleich zu anderen kommerziellen bzw. nicht-kommerziellen Tools bietet die Software von Celonis eine höhere Funktionalität und Benutzerfreundlichkeit. Abschließend gilt anzumerken, dass bei der Evaluierung von Process Mining Tools die Anwendungsbreite, -tiefe, -häufigkeit und -freundlichkeit entsprechend zu berücksichtigen sind.

4.2 Beitrag für das Controlling und kritische Würdigung

Big Data und KI verändern sowohl das Aufgabenfeld als auch die Ausrichtung des Controllings maßgeblich. Während bislang für die Wahrnehmung dieser Aufgaben manuelle Tätigkeiten und Sonderanalysen notwendig waren, steht nun mit Process Mining eine Technologie, und mit dem EMS von Celonis eine Software zur Verfügung, welche die benötigten Informationen systemisch und in Echtzeit bereitstellen kann.

Process Mining eignet sich als innovatives Controllinginstrument, um datenbasierte Einblicke in die tatsächliche Ausführung der Geschäftsprozesse zu erhalten. Die Anwendungsfelder im Controlling sind vielfältig: (i) Process Mining kann für Monitoring und Reporting genutzt werden, (ii) die Grundlage für Optimierungen darstellen und (iii) zur Unterstützung von Planung und Kostenrechnung dienen. Dies eröffnet die Möglichkeit, einen entsprechenden Prozessfokus in der Unternehmenssteuerung zu etablieren und einen stärken Einblick in die tatsächliche Leistungserstellung des Unternehmens zu erhalten. Das Controlling steht vor der

Herausforderung, die Vielzahl an Auswertungsmöglichkeiten, die technisch möglich sind, differenziert zu betrachten und auf Sinnhaftigkeit zu prüfen [Kress/Tönnissen 2021, S. 60].

Process Mining eignet sich insbesondere dann, wenn eine Vielzahl von Prozessschritten standardisiert durchlaufen und diese in Informationssystemen abgebildet werden. Dies trifft vor allem auf Unternehmen in dienstleistungsorientierten Branchen zu. Die Vorteile der Technologie werden durch die Prozesslandschaft und Datenbasis im Unternehmen eingeschränkt, denn nur was systemisch erkennbar ist, kann auch entsprechend ausgewertet werden.

Interdependenzen bestehen in funktional organisierten Unternehmen hinsichtlich der Zuständigkeit von Optimierungs- bzw. Verbesserungsprojekten. Häufig endet die Verantwortlichkeit strikt an den Bereichsgrenzen. Hier besteht die Herausforderung, dass „Denken in Abteilungen" durch ein „Denken in Prozessen" zu ersetzen. Unter Umständen werden vertiefte Advanced-Analytics- und Programmierkenntnisse benötigt. Dies erfordert gegebenenfalls die Zusammenarbeit des Controllers mit einem Data Scientist, der für die Datenextraktion und -manipulation zuständig ist.

Sinnvolle Erweiterungen für das EMS von Celonis für das Controlling bestehen für (i) die rollierende Unternehmensplanung sowie (ii) für die prozessbasierte Kostenrechnung. Bislang geben die verfügbaren Features Einblicke in die vergangene Ausführung von Prozessen. Ein wichtiger Aspekt des Process Mining ist jedoch die Bereitstellung von Analysen über die aktuelle bzw. zukünftige Ausführung von Prozessen [Van der Aalst 2020, S. 183]. Das EMS kann bereits einzelne Prozesse simulieren, das zukünftige Potenzial ist jedoch noch ungenutzt. Controller sind auf stichtagsbezogene Simulationen (predictive analytics) aller parallel und sequenziell verlaufenden Prozesse im Unternehmen angewiesen. Die Ergebnisse bilden schließlich die Grundlage der kurzfristigen, rollierenden Unternehmensplanung (vgl. [Pourbafrani/Van der Aalst 2021, S. 1-6]; [Van der Aalst 2018, S. 1-12]).

Die Einführung eines Moduls zur integrierten Prozesskostenrechnung könnte aus Perspektive des Controllings und im Zeitalter der anwachsenden „hidden factory" eine zusätzliche sinnvolle Erweiterung für das EMS von Celonis darstellen (vgl. [Miller/Vollmann 1985, S. 142]). Das Ziel der Prozesskostenrechnung ist die verursachungsgerechte Verteilung von Gemeinkosten. Dies erfolgt, indem Gemeinkosten einzelnen Prozessinstanzen in Abhängigkeit ihrer Beanspruchung zugeordnet werden. [Kaplan/Anderson 2004, S. 131-138] Derzeit fehlt die Möglichkeit der monetären Bewertung von Prozessschritten, da im EMS keine Kosten oder

Verrechnungssätze hinterlegt werden können. Aufgrund dessen lässt sich im EMS aktuell keine integrierte Kostenrechnung durchführen. Da die Prozesskostenrechnung jeden einzelnen Geschäftsvorfall mit Prozesskosten bewertet, steigt dadurch auch das Analysepotenzial im Process Mining [Mayer et al. 2005, S. 136]. Die Implementierung im EMS schafft die Voraussetzung, die Prozesskostenrechnung von einem fallweise praktizierten Controllinginstrument in ein kontinuierliches Werkzeug der Unternehmenssteuerung zu verwandeln.

5 Fazit

Die vorliegende Arbeit beschäftigte sich mit der Frage: Welchen Beitrag leistet die Process Mining Software der Celonis SE für das Controlling?

Zur Beantwortung der Forschungsfrage wurden zunächst die Grundlagen des Process Mining erläutert. Process Mining hat das Ziel, real existierende Prozesse zu entdecken, zu monitoren und zu verbessern. Process Mining verbindet prozessorientierte Geschäftsprozessmodellierung und -analyse mit nicht-prozessorientiertem Data-Mining. Der Nutzen für das Business Process Management ergibt sich durch die Möglichkeit einer a-posteriori Analyse von Geschäftsprozessen.

Process Mining eignet sich als innovatives Controllinginstrument, um datenbasierte Einblicke in die tatsächliche Ausführung der Geschäftsprozesse zu erhalten. Die Anwendungsfelder im Controlling sind vielfältig: (i) Process Mining kann für Monitoring und Reporting genutzt werden, (ii) die Grundlage für Optimierungen darstellen und (iii) zur Unterstützung von Planung und Kostenrechnung dienen. Dies eröffnet die Möglichkeit, einen entsprechenden Prozessfokus in der Unternehmenssteuerung zu etablieren und einen stärken Einblick in die eigentliche Leistungserstellung des Unternehmens zu erhalten.

Das Execution Management System der Celonis SE erfüllt grundsätzlich die Anforderungen des Controllings an eine Process Mining Software, da die drei Typen (i) Erkennung, (ii) Konformitätsprüfung und (iii) Erweiterung unterstützt und damit die oben genannten Anwendungsfelder umgesetzt werden können. Neben vorkonfigurierten Apps, Analysen und Dashboards besteht die Möglichkeit zum Customizing auf die entsprechenden betrieblichen Gegebenheiten und Bedürfnisse. Im Vergleich zu anderen kommerziellen bzw. nicht-kommerziellen Tools bietet die Software von Celonis eine höhere Funktionalität und Benutzerfreundlichkeit.

Sinnvolle Erweiterungen aus Perspektive des Controllings bestehen für (i) die rollierende Unternehmensplanung sowie (ii) für die prozessbasierte Kostenrechnung. Diese Features werden von Celonis derzeit nicht oder nicht im gewünschten Umfang angeboten.

Herausforderungen bestehen hinsichtlich der Datenqualität und -quantität an analysierbaren Prozessen im Unternehmen sowie der notwendigen Fach- und Methodenkompetenz im Controlling. Dennoch kann davon ausgegangen werden, dass Process Mining zukünftig ein Standardinstrument des Controllings sein wird.

Literaturverzeichnis

[Brenner et al. 2020]

    Brenner, M., Lesch, B., Zander, F.: *Process Mining: Controllinginstrument zur Optimierung von Geschäftsprozessen*, in: Gleich, R., Klein, A. (Hrsg.): Controlling Challenge 2025 - agil, digital, effektiv, Haufe, Freiburg et al. 2020, S. 93-106.

[Buschbacher 2016]

    Buschbacher, F.: *Wertschöpfung mit Big Data Analytics*, in: Controlling & Management Review, Sonderheft 1, 2016, S. 40-45.

[Coenenberg 2016]

    Coenenberg, A., Fischer, T., Günther, T.: *Kostenrechnung und Kostenanalyse*, 9. Auflage, Schäffer-Poeschel, Stuttgart 2016.

[Drakoulogkonas/Apostolou 2021]

    Drakoulogkonas, P., Apostolou, D.: *On the Selection of Process Mining Tools*, in: Electronics, 10. Jg., Heft 451, 2021, S. 1-23.

[Dumas et al. 2018]

    Dumas, M., La Rosa, M., Mendling, J., Reijers, H. A.: *Fundamentals of Business Process Management*, 2. Auflage, Springer, Berlin, Heidelberg 2018.

[Gentsch/Kulpa 2016]

    Gentsch, P., Kulpa, A.: *Mit externen Big Data neue Möglichkeiten erschließen*, in: Controlling & Management Review, Sonderheft 1, 2016, S. 32-39.

[Gottmann 2019]

    Gottmann, J.: *Produktionscontrolling - Wertströme und Kosten optimieren*, 2. Auflage, Gabler, Wiesbaden 2019.

[Günther 2009]

    Günther, C.: *Process mining in flexible environments*, Technische Universiteit Eindhoven, Eindhoven 2009.

[Hammer 2001]

    Hammer, M.: *The agenda - What every company must do to dominate the decade*, Crown Business, New York 2001.

[Hammer 2015]

    Hammer, M.: *What is Business Process Management?*, in: Brocke, J., Rosemann, M. (Hrsg.): Handbook on Business Process Management 1 - Introduction, Methods, and Information Systems, Springer, Berlin, Heidelberg 2015, S. 3-16.

[Horváth 2003]

    Horváth, P.: *Controlling*, 9. Auflage, Vahlen, München 2003.

[Hubert 2015]

Hubert, B.: *Controlling-Konzeptionen*, Springer Gabler, Wiesbaden 2015.

[IEEE Task Force on Process Mining 2012]

IEEE Task Force on Process Mining: *Process Mining Manifest*, 2012, https://www.win.tue.nl/ieeetfpm/lib/exe/fetch.php?media=shared:pmm-german-v1.pdf (Zugriff:18.04.2022).

[Kaplan/Anderson 2004]

Kaplan, R., Anderson, S.: *Time-Driven Activity-Based Costing*, in: Harvard Business Review, 82. Jg., Heft 11, 2004, S. 131-138.

[Kress/Tönnissen 2021]

Kress, S., Tönnissen, S.: *Process Mining in der Gemeinkosten-Allokation*, in: Controlling & Management Review, 65 Jg., Heft 3, 2021, S. 54-61.

[Mayer et al. 2005]

Mayer, R., Coners, A., Hardt, G. von der: *Anwendungsfelder und Aufbau einer Prozesskostenrechnung*, in: Horvath & Partners (Hrsg.): Prozessmanagement umsetzen - Durch nachhaltige Prozessperformance Umsatz steigern und Kosten senken, Schäffer-Poeschel, Stuttgart 2005, 123-140.

[Mayer/Brenner 2009]

Mayer, R., Brenner, M.: *Prozessmanagement als Controlleraufgabe*, in: Controlling, 21 Jg., Heft 3, 2009, S. 153-160.

[Miller/Vollmann 1985]

Miller, J., Vollmann, T.: *The hidden factory*, in: Harvard Business Review, 63 Jg., Heft 5, 1985, S. 142-150.

[Österle 1995]

Österle, H.: *Business Engineering - Prozess- und Systementwicklung*, 2. Auflage, Springer, Berlin, Heidelberg 1995.

[Pourbafrani/Van der Aalst 2021]

Pourbafrani, M., Van der Aalst, W.: *Forward-Looking Process Mining*, 2021, http://www.padsweb.rwth-aachen.de/wvdaalst/publications/p1215.pdf (Zugriff: 18.04.2022).

[Pufahl 2020]

Pufahl, L.: *Business Process Model and Notation*, in: Laue, R., Koschmider, A., Fahland, D.: Prozessmanagement und Process-Mining – Grundlagen, De Gruyter, Berlin, Boston 2020.

[Rosenkranz 2006]

Rosenkranz, F.: *Geschäftsprozesse - Modell- und computergestützte Planung*, 2. Auflage, Springer, Berlin, Heidelberg 2006.

[Seufert/Oehler 2016]

Seufert, A., Oehler, K.: *Controlling und Big Data - Anforderungen an die Methodenkompetenz*, in: Controlling & Management Review, Sonderheft 1, 2016, S. 74-81.

[Stierle et al. 2021]

Stierle, M., Viner, D., Matzner, M.: *FAU 2021 Process Mining Survey - Executive Summary*, https://www.processmining-software.com/wp-content/uploads/2021/FAU2021_Process_Mining_Survey.pdf (Zugriff: 18.04.2022).

[Teuteberg/Tönnissen 2020]

Teuteberg, F., Tönnissen, S.: *Auswirkungen der Digitalisierung mit Process Mining und der Blockchain auf Time-driven Activity-based Costing*, in: Betriebswirtschaftliche Forschung und Praxis, 72 Jg., Heft 1, 2020, S. 20-39.

[Van der Aalst 2016]

Van der Aalst, W.: *Process Mining - Data Science in Action*, 2. Auflage, Springer, Berlin, Heidelberg 2016.

[Van der Aalst 2018]

Van der Aalst, W.: *Process Mining and Simulation - A Match Made in Heaven!*, in: Proceedings of the 50th Computer Simulation Conference, 2018 Summer Simulation Multi-Conference, University of Bordeaux, Bordeaux, France, 09.07.2018 - 12.07.2018: SCS, 2018, S. 1-12.

[Van der Aalst 2020]

Van der Aalst, W.: *Academic View: Development of the Process Mining Discipline*, in: Reinkemeyer, L. (Hrsg.): Process Mining in Action, Springer International Publishing, Cham 2020, S. 181-196.

[Van der Aalst et al. 2007]

Van der Aalst, W., Reijers, H., Weijters, A., Van Dongen, B., Alves de Medeiros, A., Song, M., Verbeek, H.: *Business process mining: An industrial application*, in: Information Systems, 32 Jg., Heft 5, 2007, S. 713-732.

[Viner et al. 2020]

Viner, D., Stierle, M., Matzner, M.: *A Process Mining Software Comparison*, in: Proceedings of the ICPM Doctoral Consortium and Tool Demonstration Track 2020 co-located with the 2nd International Conference on Process Mining (ICPM 2020), volume 2703 of CEUR Workshop Proceedings, 2020, S. 19-22.

[Weber/Schäffer 2020]

Weber, J., Schäffer, U.: *Einführung in das Controlling*, 16. Auflage, Schäffer-Poeschel, Stuttgart 2020.

[Zschech et al. 2017]

Zschech, P., Pfitzner, M., Hilbert, A.: *Vom Controller zum Prozessanalysten*, in: Controlling & Management Review, 61 Jg., Heft 4, 2017, S. 24-33.